Kurt Tepp
Den

Kurt Tepperwein
Felix Aeschbacher

DEN AUGENBLICK ERFÜLLEN

Ein Praxisbuch für
energetische Wort-Meditationen

1.Auflage 2008

Verlag Via Nova, Alte Landstraße 12, 36100 Petersberg
Telefon: (0661) 62973
Fax: (0661) 9 67 95 60
E-Mail: info@verlag-vianova.de
Internet:
www.verlag-vianova.de

Umschlaggestaltung: Klaus Holitzka, 64756 Mossautal
Satz: Sebastian Carl, Amerang
Druck und Verarbeitung: Fuldaer Verlagsanstalt, 36037 Fulda
© Alle Rechte vorbehalten
ISBN 978-3-86616-112-2

Inspirierende und optimistische Gedanken für …

… die Liebe zu sich selbst

… erfüllenden und wachsenden Wohlstand und Reichtum

… einen lebensfrohen, heiteren, optimistischen, liebevollen, freundlichen, achtsamen Tag und

… ein Gesund- und Vital-Sein.

Die vier Themenbereiche:

LEBEN ist immer nur im Hier und Jetzt

Lebe und wirke in diesem Augenblick, und die innere Schönheit des Lebens entfaltet sich.

In der Kraft der Gegenwart zu wirken heißt, sie bewusst für den Sinn deines Lebens liebevoll zu nutzen.

Den Augenblick zu erfüllen heißt, ihn dankbar zu segnen.

Statt eines Vorworts zum Buch –
die Gebrauchsanweisung für eine Meditation:

Energie fließt immer im Hier und Jetzt

Einmal ganz ehrlich (und nur unter uns): Lesen Sie wirklich „Vorworte" zu einem Buch? ...

Okay – aber dieses Vorwort ist so wichtig für den richtigen Gebrauch des Buches, dass wir es wahrheitsgemäß nicht Vorwort, sondern „Gebrauchsanweisung" genannt haben.

Vielleicht stutzen Sie auch und fragen: Seit wann braucht ein Buch seine eigene Gebrauchsanweisung? Der Besitzer eines Buches sollte doch wenigstens LESEN können. Was bedarf es da noch einer weiteren „Gebrauchsanweisung"? Hier wird doch wohl nicht das Lesen gelehrt? – **Nun, dieses Buch bietet Ih-**

nen etwas, was man die „Quadratur des Kreises" nennen könnte, also etwas Unmögliches. Um scheinbar Unmögliches für Sie möglich zu machen, ist eine Gebrauchsanweisung sicher mehr als sinnvoll. Besser: Sie ist der Zugangs-Schlüssel zum Buch.

Sicher können Sie das Büchlein lesen wie jedes andere. Aber dann treffen Sie nicht seine Essenz. Dann ist es wie das Lesen eines Liebesromans, ohne selbst je die Liebe erfahren zu haben, eine Kopfgeschichte, aber keine Herzensangelegenheit. Natürlich können Sie dieses Buch mit dem Kopf lesen, und es wird Ihnen sicher viele Knoten im Kopf lösen. Aber der Schatz des Buches liegt viel tiefer. Wollen Sie es sich bis dahin erschließen?

Auf den Punkt gebracht: Das Büchlein ist in seiner Essenz eine Meditation und will als „Meditation" gehandhabt werden.

Sie werden irritiert sein, wenn Sie schon etwas über Meditation gelesen oder gar Erfahrungen in Meditation haben. Denn dann wissen Sie, dass es in der Meditation um nichts anderes geht, als sich von dem scheinbar immer währenden Gedankenstrom zu lösen und in die absolute Stille und Gedankenlosigkeit zu kommen. – Wie soll das aber mit einem Buch möglich sein? Ist es nicht im Gegenteil das Verdienst eines guten Buches, Neues in diesen Gedankenstrom zu bringen, ihn aufzufrischen, ihn am Leben zu erhalten? Dient das gute Buch nicht gerade der Kultivierung von Gedanken? Ist das Buch nicht sogar das Hauptmedium von Gedanken?

Sich von Gedanken zu lösen hieße ja im ersten Schritt, Bücher beiseite zu legen: leben statt lesen, um es einmal ganz überspitzt zum Ausdruck zu bringen.

Es mag ja sinnvoll sein, Bücher ÜBER Meditation zu schreiben, aber mit einem Buch SELBST zur Meditation einzuladen, das scheint ja wirklich die … „Quadratur des Kreises" zu sein. Sie sehen: **Wenn wir Ihnen kein Buch nicht ÜBER, sondern ZUR Meditation anbieten, dann ist eine Gebrauchsanweisung mehr als sinnvoll!**

Sie halten also ein Praxis-Buch „Energetische Wort-Meditationen mit Affirmationen" in Ihren Händen. Das klingt doch schon sehr geheimnisvoll! Beginnen wir das Geheimnis Schritt für Schritt zu lösen:

„Affirmationen" kennen Sie sicherlich: Es sind Glaubenssätze, bewusste und unbewusste Überzeugungen, die einen prägenden Einfluss auf unsere Lebensgestaltung ausüben. So weit – so gut, was aber sind – um Himmels willen – „energetische Affirmationen"?

Erstes Geheimnis, kurz und knapp auf den Punkt gebracht: **Affirmationen wirken nur als Energie.** Wir ersparen Ihnen hier den ganzen theoretischen Hintergrund für eine Erklärung. Ein Stichwort sei erlaubt: „energetische Psychologie", eine neue Interpretation des Psychischen als Manifestation von ENERGIE.

Sie können hundertmal „affirmieren": „Ich bin ein Millionär!" – wenn Ihre Energie, Ihre „energetische Signatur" aber unausgesprochen mitschwingt und Sie fühlen: „Ich bin arm." – was glauben Sie, ist wirkungsvoller, die ausgesprochenen Worte oder die mitschwingende Energie? – Keine Frage: **Wenn etwas wirksam ist, dann wirkt es nur als Energie.**

Sie kennen mit der Popularisierung der Quantenphysik sicherlich die Worte: „Alles ist Energie!" Dann haben Sie gewiss auch schon gehört: „Alles ist Bewusstsein!" und fragen sich: Ja, was denn nun? **Energie oder Bewusstsein?** Die Lösung – und das zweite Geheimnis – ist einfach (wie jede Wahrheit unter dem Strich einfach ist): Energie ist „die andere Seite" des Bewusstseins – und gehört zum Bewusstsein wie auf einer Münze „der Adler zur Zahl". Mit anderen Worten: Energie ist Bewusstsein und Bewusstsein ist Energie. Aber es ist nicht IDENTISCH! **Energie ist die „sichtbare" Seite von Bewusstsein.** (Vielleicht sagen wir besser: die POTENTIELL „sichtbare" Seite des Bewusstseins, denn vielleicht haben wir zur Zeit noch nicht die Instrumente entdeckt, um subtile Energie wirklich SICHTBAR zu machen.

Aber sie ist POTENTIELL „sichtbar" – irgendwann wird es uns schon gelingen. ENERGIE entzieht sich nicht GRUNDSÄTZLICH dem Sichtbarwerden.)

Um es zu wiederholen: Energie ist die (potentiell) sichtbare Seite des Bewusstseins.

Um aber schnell auf unser Thema zurück zu kommen: **Affirmationen wirken nur und insofern sie eine transformatorisch-energetische Qualität haben.**

Mit anderen Worten: Unsere Affirmationen sind so formuliert, dass sie ENERGETISCH wirksam sind, sprechen weniger den Kopf an als vielmehr das Herz.

Fühlen Sie sich weiterhin in der „Quadratur des Kreises"? Scheint Ihnen das alles mehr PARADOX als LOGISCH zu sein? Gut, dann folgen Sie uns dem dritten, entscheidenden Geheimnis:

Energie fließt nur im Hier und Jetzt.

Es gibt Gedanken, die diesen „Energiefluss im Hier und Jetzt" blockieren. – Und ehrlich, das ist eine maßlose Untertreibung: **denn 99,99 % unserer Gedanken blockieren diesen Energiefluss im Hier und Jetzt.** Denn die Mehrheit unserer Gedanken richtet sich in die Vergangenheit oder in die Zukunft: Wir hadern mit der Vergangenheit oder machen uns um die Zukunft Sorgen. Das ist das Thema von 99,99 % unserer Gedanken. Energie kann aber nicht in die Zukunft oder die Vergangenheit fließen. Sie fließt nur HIER und JETZT. Jeder Gedanke an die Vergangenheit, jeder Gedanke an die Zukunft ist ein Ausbremsen dieser Lebensenergie, ihr Kaltstellen, ihr Einfrieren, ihre Versteinerung.

Deswegen fordert uns die Meditation auf, alle diese Gedanken an die Vergangenheit oder Zukunft loszulassen.

Und was ist mit den restlichen 0,01 %? Wäre es aber auch möglich, Gedanken zu fassen, die pur in der Gegenwart und damit „geistesgegenwärtig" sind?

Diese tiefe Frage ist schon die geniale Antwort! „Geistesgegenwärtige" Gedanken und Worte lassen die Energie im Hier und Jetzt fließen. Das ist das große „ICH-BIN"-Geheimnis aller Mystiker und Mystikerinnen aller Jahrhunderte: ES GIBT GEDANKEN UND WORTE, DIE MEDITATION SIND.

ICH BIN, DER ICH BIN. Es klingt paradox, „nichtssagend". Aber es ist der Schlüssel zu unserem Höheren Selbst, zu unserer Seele: **ICH BIN, DER ICH BIN.**

Über einen solchen Satz kann man nicht mehr nachdenken.

Er lässt sich nur erfahren – und wir erfahren uns dabei in unserer wahren Größe.

So kann ein Buch zur Meditation werden: mit „energetischen Affirmationen", die „den Augenblick im Hier und Jetzt erfüllen".

Lassen Sie sich von der Energie jedes einzelnen Satzes erfüllen. Spüren Sie in ihn hinein, bis er Sie ganz ins HIER und JETZT führt. Lassen Sie sich für jeden einzelnen Satz 5 bis 10 Minuten Zeit. Einmal morgens, einmal abends. Nicht mehr als einen Satz pro Tag. Sprechen Sie jeden Satz innerlich wie ein Mantram. Und dann lassen Sie ihn kraftvoll los und wirken.

Sie werden sich wundern, wie einfach es ist, Meditation zu lernen und dabei ein stimmiges Leben zu manifestieren.

Kurt Tepperwein

Felix Aeschbacher

1. Themenbereich:

LEBEN ist immer nur im *Hier* und *Jetzt*

*In diesem Augenblick
im Hier und Jetzt ...*

... liebe ich mein So-Sein
und Da-Sein.

*In diesem Augenblick
im Hier und Jetzt …*

… liebe ich mich selbst
und alle positiven Wesen.

*In diesem Augenblick
im Hier und Jetzt ...*

... lasse ich mich von
  Herzensbotschaften
  begleiten und inspirieren.

*In diesem Augenblick
im Hier und Jetzt …*

… liebe ich mein ganzes Sein.

*In diesem Augenblick
im Hier und Jetzt …*

… manifestiert die Liebe
  Wunder in meinem Leben.

*In diesem Augenblick
im Hier und Jetzt ...*

... bin ich Heil-Eins-Sein
in der allumfassenden Liebe.

*In diesem Augenblick
im Hier und Jetzt …*

… vergebe ich mir
und anderen
in Frieden und Liebe.

*In diesem Augenblick
im Hier und Jetzt…*

… schenke ich der ganzen Erde
heilsame Energien
für ein Wohlbefinden.

*In diesem Augenblick
im Hier und Jetzt ...*

... gebe und empfange ich
liebevolle Gedanken
und Worte in Liebe
und Weisheit.

*In diesem Augenblick
im Hier und Jetzt ...*

... bin ich empfänglich
für Liebesbotschaften,
die von Herzen kommen.

*In diesem Augenblick
im Hier und Jetzt …*

… lasse ich mich inspirieren
von der wahren Quelle
der Liebe.

*In diesem Augenblick
im Hier und Jetzt…*

… schenke ich mir
Selbstvertrauen
und Selbstliebe.

*In diesem Augenblick
im Hier und Jetzt ...*

... ist die Liebe
   mein Lebensbegleiter
   auf allen meinen Wegen.

*In diesem Augenblick
im Hier und Jetzt ...*

... schenke ich einem
liebevollen Wesen
die Kraft der Liebe.

*In diesem Augenblick
im Hier und Jetzt …*

… spüre ich herzensfroh,
wie die reine Liebe
durch mein ganzes Sein
strömt.

*In diesem Augenblick
im Hier und Jetzt ...*

... fühle ich mich eins mit der universellen Liebe.

*In diesem Augenblick
im Hier und Jetzt …*

… genieße ich Freundschaften,
die harmonisch
und liebevoll sind.

*In diesem Augenblick
im Hier und Jetzt …*

… gedeiht alles zum Besten,
weil ich mich selbst liebe.

*In diesem Augenblick
im Hier und Jetzt ...*

... spüre ich die
wunderbare Kraft der
bedingungslosen Liebe.

*In diesem Augenblick
im Hier und Jetzt …*

… lasse ich das Gesetz
der Liebe im
täglichen Leben anwenden.

*In diesem Augenblick
im Hier und Jetzt ...*

... erkenne ich im geistigen
Spiegel die Botschaft:
»Alles ist Liebe«.

*In diesem Augenblick
im Hier und Jetzt …*

… lasse ich alle Wesen
an der universellen Liebe
teilhaben.

*In diesem Augenblick
im Hier und Jetzt …*

… spüre – erlebe ich die
Botschaft: Ich bin Frieden,
Harmonie und Liebe.

*In diesem Augenblick
im Hier und Jetzt ...*

... fühle ich ganz besonders,
dass ich alle Wesen und
mich selbst lieben kann.

*In diesem Augenblick
im Hier und Jetzt …*

… segne ich alle Wesen
und bin mit Freude dankbar,
dass sie ihre Freiheit und
Freude genießen.

*In diesem Augenblick
im Hier und Jetzt …*

… habe ich liebevolles und harmonisches Verständnis für meine Partner.

*In diesem Augenblick
im Hier und Jetzt …*

… spüre ich den Frieden in
mir und lasse alle positiven
Wesen daran teilhaben.

*In diesem Augenblick
im Hier und Jetzt ...*

... fühle ich mich sanft
getragen in dieser Welt.

2. Themenbereich:

Lebe und wirke
in diesem *Augenblick*,
und die innere Schönheit
des Lebens entfaltet sich.

*In diesem Augenblick
im Hier und Jetzt …*

… lasse ich mit Freude
den Wohlstand
in mein Leben fließen.

*In diesem Augenblick
im Hier und Jetzt …*

… entfalte ich den
kreativen Weg zum
Erfolgsbewusstsein.

*In diesem Augenblick
im Hier und Jetzt …*

… kann ich Geschenke geben und annehmen und alles im Leben ist in der Balance.

*In diesem Augenblick
im Hier und Jetzt ...*

... gestalte ich ein erfülltes
Leben und dafür
bin ich dankbar.

*In diesem Augenblick
im Hier und Jetzt ...*

... lasse ich mich von kreativen Ideen für eine Realisierung zum wahren Erfolg begleiten.

*In diesem Augenblick
im Hier und Jetzt…*

… vertraue ich meiner vollkommenen Lebensführung.

*In diesem Augenblick
im Hier und Jetzt ...*

... danke ich in Demut
für die wunderbaren
Segnungen.

*In diesem Augenblick
im Hier und Jetzt …*

… säe ich meine Wünsche
und Vorstellungen
und ich danke
für eine erfüllte Ernte.

*In diesem Augenblick
im Hier und Jetzt...*

... danke ich der Schöpfung,
dass finanzieller Wohlstand
in mein Leben fließt.

*In diesem Augenblick
im Hier und Jetzt ...*

... empfange ich
   die Reichtümer des Lebens
   in Fülle.

*In diesem Augenblick
im Hier und Jetzt …*

… sind meine Wünsche
und Ziele mit dankbarer
Freude und Liebe erfüllt.

*In diesem Augenblick
im Hier und Jetzt ...*

... erkenne ich,
    dass im Universum
    die Fülle für mich und
    alle Wesen vorhanden ist.

*In diesem Augenblick
im Hier und Jetzt ...*

... empfange ich mit Freude:
Mein innerer Reichtum
ist unendlich.

*In diesem Augenblick
im Hier und Jetzt …*

… heute bin ich auf Empfang
für neue und kreative
Ideen. Wohlstand und
Wohlergehen sind
meine Ernte.

*In diesem Augenblick
im Hier und Jetzt …*

… erkenne ich den Wert
des Schönen, Wahren
und Guten.

*In diesem Augenblick
im Hier und Jetzt...*

... bin ich offen
für alle positiven Werte
des Leben und gestalte
das Beste daraus.

*In diesem Augenblick
im Hier und Jetzt ...*

... fühle ich mich getragen
auf allen Wegen des Lebens.

*In diesem Augenblick
im Hier und Jetzt …*

… konzentriere ich meine
Gedankenwelt auf inneren
und äußeren Wohlstand
und Reichtum.

*In diesem Augenblick
im Hier und Jetzt …*

… bin ich überzeugt, dass
meine Glaubenskraft
alle meine Fähigkeiten
zum erfüllten Ausdruck
manifestiert.

*In diesem Augenblick
im Hier und Jetzt …*

… lasse ich mein klares
Selbstbewusstsein
mit Liebe erfüllen.

*In diesem Augenblick
im Hier und Jetzt ...*

... erfahre ich Glück und
Erfolg in allen meinen
Lebenshandlungen.

*In diesem Augenblick
im Hier und Jetzt …*

… segne ich mein Geld
und danke für mein
Geldverständnis.

*In diesem Augenblick
im Hier und Jetzt …*

… weiß ich, das ich durch mein
Dienen immer das Beste
verdienen kann,
das ich wirklich bin.

*In diesem Augenblick
im Hier und Jetzt …*

… danke ich der universellen Kraft für den Wohlstand und Reichtum in meinem Leben.

*In diesem Augenblick
im Hier und Jetzt …*

… öffnen sich durch
meine Besinnung neue
inspirierende Wege für eine
Lebenserfüllung.

*In diesem Augenblick
im Hier und Jetzt ...*

... freue ich mich
  an den Wundern des
  Lebens.

In diesem Augenblick
im Hier und Jetzt ...

... ist alles mit Herz und Liebe erfüllt und ich bin unendlich dankbar und glücklich dafür.

3. Themenbereich

In der Kraft der Gegenwart zu wirken heißt, sie bewusst für den Sinn deines Lebens liebevoll zu nutzen.

*In diesem Augenblick
im Hier und Jetzt ...*

... beginnt ein Tag
der Herzensfreude
und Herzlichkeit.

*In diesem Augenblick
im Hier und Jetzt ...*

... erfülle ich das Jetzt mit einem konstruktiven Gedankensatz: Heute ist ein segensreicher Tag!

*In diesem Augenblick
im Hier und Jetzt …*

… lasse ich mich von
inspirierenden Erkenntnissen
begleiten.

*In diesem Augenblick
im Hier und Jetzt ...*

... bin ich bereit, den Weg von Erfahrungen zu Erkenntnissen zu vertiefen.

*In diesem Augenblick
im Hier und Jetzt ...*

... schenkt mir das Leben,
jeden Tag Kreatives
und Neues zu empfangen.

*In diesem Augenblick
im Hier und Jetzt ...*

... entscheide ich mich für
kristallklare Gedanken
und Worte, die mich
vorwärts führen.

*In diesem Augenblick
im Hier und Jetzt …*

… weiß ich, dass ich immer
zur richtigen Zeit am
richtigen Ort bin,
und lasse mich
von der inneren Führung
begleiten.

*In diesem Augenblick
im Hier und Jetzt …*

… erkenne ich, dass mir alle Weisheiten und Liebe des Universums zum Leben zur Verfügung stehen.

*In diesem Augenblick
im Hier und Jetzt ...*

... sind alle meine Wünsche erfüllt und alle meine Fragen werden von der universellen Kraft liebevoll beantwortet.

*In diesem Augenblick
im Hier und Jetzt …*

… kann ich meine universelle Intelligenz für alles Schöne, Wahre und Gute konstruktiv für mich und andere zum Ausdruck bringen.

*In diesem Augenblick
im Hier und Jetzt ...*

... bin ich gelassen und ruhig und lasse Weisheit und Liebe durch mein Sein fließen.

*In diesem Augenblick
im Hier und Jetzt ...*

... vertraue ich der inneren Kraft, dass alles in meinem Leben zur richtigen Zeit geschieht.

*In diesem Augenblick
im Hier und Jetzt ...*

... ist mein Leben kreativer, liebevoller und vollkommen erfüllt.

*In diesem Augenblick
im Hier und Jetzt ...*

... sind Vertrauen und
   Glauben meine besten
   Lebensbegleiter.

*In diesem Augenblick
im Hier und Jetzt …*

… glaube und vertraue ich,
dass das Universum mich
mit Liebe und Weisheit
begleitet und beschützt.

*In diesem Augenblick
im Hier und Jetzt …*

… vertraue ich meiner inneren
Führung und empfange von
dort alle Lebensweisheiten.

*In diesem Augenblick
im Hier und Jetzt ...*

... erkenne und segne ich
meine innere Schönheit
und Freude.

*In diesem Augenblick
im Hier und Jetzt …*

… bin ich eins
   mit dem unendlichen Fluss
   der Lebensfülle.

*In diesem Augenblick
im Hier und Jetzt …*

… bestimme ich,
    dass ich immer authentisch
    und verständnisvoll
    kommuniziere.

*In diesem Augenblick
im Hier und Jetzt…*

… bin ich mir klar,
dass ich bewusst immer
die optimalen
Entscheidungen für mein
Leben treffe.

*In diesem Augenblick
im Hier und Jetzt ...*

... dienen mir Glaubenssätze und Überzeugungen, die mich fördern und erfüllen lassen.

*In diesem Augenblick
im Hier und Jetzt …*

… bin ich dankbar für die
positiven Erfahrungen
und Erkenntnisse.

*In diesem Augenblick
im Hier und Jetzt …*

… lasse ich alle meine
Talente, Fähigkeiten und
Begabungen entfalten
und verwirklichen.

*In diesem Augenblick
im Hier und Jetzt ...*

... öffne ich mich für
positive Wandlungen
und Veränderungen
in meinem Leben.

*In diesem Augenblick
im Hier und Jetzt …*

… wächst meine
Selbstachtung und ich
danke für diese wunderbare
Selbsterkenntnis.

*In diesem Augenblick
im Hier und Jetzt …*

… erkenne ich, dass ich als individueller Selbstausdruck eine wunderbare Lebensaufgabe auf diesem Planeten erlebe und erfüllen kann.

*In diesem Augenblick
im Hier und Jetzt …*

… danke ich mit Freude meiner
liebevollen Umwelt
für die reichen Gaben.

4. Themenbereich:

Den Augenblick zu erfüllen heißt, ihn dankbar zu segnen.

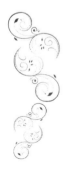

*In diesem Augenblick
im Hier und Jetzt …*

… ist ein Tag der Freude,
Heilung und der Liebe.

*In diesem Augenblick
im Hier und Jetzt ...*

... freue ich mich auf mein
vitales Körperbewusstsein.

*In diesem Augenblick
im Hier und Jetzt …*

… freue ich mich eines
gesunden, vitalen Körpers.

*In diesem Augenblick
im Hier und Jetzt …*

… lasse ich durch mein Herz
heilende Energien in meinen
Körper fließen.

*In diesem Augenblick
im Hier und Jetzt …*

… bejahen alle meine Zellen und Nerven Freude und Gesundheit.

*In diesem Augenblick
im Hier und Jetzt …*

… danke ich meinem inneren
Jungbrunnen
für Gesundheit
und genieße ein vitales
und glückliches Leben.

*In diesem Augenblick
im Hier und Jetzt …*

… reinigen sich alle meine
Zellen und Nerven und ich
fühle mich wie neu geboren.

*In diesem Augenblick
im Hier und Jetzt …*

… spüre ich meine Vitalität,
mein Wohlbefinden und bin
heil und ganz.

*In diesem Augenblick
im Hier und Jetzt ...*

... spüre ich meine vitalisierende Energie, die durch meinen Körper fließt.

*In diesem Augenblick
im Hier und Jetzt ...*

... sind meine Gedanken und Worte auf ein gesundes und vitales Leben konzentriert.

*In diesem Augenblick
im Hier und Jetzt...*

... fühle ich mich eins mit der universellen Kraft und lebe es in Harmonie und Freude.

*In diesem Augenblick
im Hier und Jetzt ...*

... erkenne ich den Wert eines
gesunden Körpers und der
Vitalität und danke
der Schöpfung.

*In diesem Augenblick
im Hier und Jetzt …*

… entspanne ich meinen
Körper und fühle die
Leichtigkeit meines Seins.

*In diesem Augenblick
im Hier und Jetzt ...*

... freue ich mich
eines gesunden und
wohlgeformten Körpers und
mein Stimmig-Sein strahlt
Lebensfreude aus.

*In diesem Augenblick
im Hier und Jetzt…*

… danke ich dem Leben mit Freude, es liebevoll und heiter genießen zu dürfen.

*In diesem Augenblick
im Hier und Jetzt …*

… visualisiere ich täglich
in meinem Bewusstsein
Körperbewusstsein, dass
mein Körper gesund und
vital ist.

*In diesem Augenblick
im Hier und Jetzt...*

... erkenne ich, dass meine positiven Gedanken und Gefühle mein Heilsein fördern, und ich bin vitale Gesundheit und Ganzheit.

*In diesem Augenblick
im Hier und Jetzt...*

... lasse ich universelle
Heilkräfte in alle meine
Zellen und Nerven meines
Körpers fließen.

*In diesem Augenblick
im Hier und Jetzt …*

… achte ich, dass ich liebevoll auf die Botschaften meines Körpers höre und mich damit gesundheitsbewusst verhalte und lebe.

*In diesem Augenblick
im Hier und Jetzt ...*

... weiß ich den besten und wertvollsten Grund, gesund und mit Freude das Leben zu gestalten.

*In diesem Augenblick
im Hier und Jetzt ...*

... weiß ich, dass ich in einem gesunden Körper wohne, und alles im Leben fließt in Freude und Harmonie.

*In diesem Augenblick
im Hier und Jetzt …*

… erkenne ich die Botschaft:
Liebe dich selbst wie deinen
Nächsten und ich bin heil
und ganz.

*In diesem Augenblick
im Hier und Jetzt ...*

... kommuniziere ich mit meinem Körper und lasse Liebe und Kraft in alle Zellen und Nerven fließen.

*In diesem Augenblick
im Hier und Jetzt …*

… erfüllt mich eine frische
und strahlende Gesundheit
und ich danke der
universellen Weisheit.

*In diesem Augenblick
im Hier und Jetzt …*

… erfahre ich täglich
die wunderbare und
segensbringende, stärkende
Energie der Heilkraft der
Liebe.

*In diesem Augenblick
im Hier und Jetzt…*

… lasse ich mich von
der unendlichen
Heilkraft meines Innern
energetisieren und ich bin
gesund und vital.

*In diesem Augenblick
im Hier und Jetzt …*

… liebe ich alle meine Zellen,
Nerven, Gelenke und
Organe und sie harmonieren
liebevoll im ganzen Körper.

*In diesem Augenblick
im Hier und Jetzt …*

… erkenne ich, dass ich in einer gesunden Umwelt heil und ganz bin.

Einladung in den Augenblick

HINWEIS: Sie können sich diesen Text in aller Ruhe laut vorlesen (in angemessenem Tempo etwa 12 Minuten). Oder Sie lesen den Text einem anderen Menschen vor. Sie können sich diese Meditation (mit Musik) auch von Kurt Tepperwein über eine Audio-CD sprechen lassen.

Eine Meditation mit Kurt Tepperwein

Ich lade Sie jetzt einmal gerne ein, mit mir in DIESEN AUGENBLICK zu kommen.

Stellen Sie sich vor, dieser Augenblick sei ein Ort in Ihnen.

Wenn Sie bereit sind, schließen Sie die Augen, öffnen Sie die Tür nach innen und treten Sie ein in Ihre lichte Innenwelt.

Suchen Sie sich doch einen schönen Platz IN DIESEM AUGENBLICK und machen Sie es sich dort ganz bequem.

Spüren Sie, wie eine Last von Ihnen abfällt,

wie Sie sich von allem lösen, das nicht IN DIESEN
AUGENBLICK gehört,

wie Sie GANZ IM HIER UND JETZT ankommen.

Spüren Sie, wie Sie sich in sich selbst wohlfühlen und
DIESEN AUGENBLICK genießen.

Lebensfreude kommt auf und Sie spüren, dass Sie
STIMMEN – IN DIESEM AUGENBLICK.

Machen Sie sich einmal bewusst, wie gut es Ihnen geht
– IN DIESEM AUGENBLICK.

IN DIESEM AUGENBLICK ist es völlig gleichgültig, ob Sie
krank sind oder gesund;

Sie spüren Ihren Körper gar nicht. Es ist, als ob Sie gar
keinen Körper mehr hätten.

IN DIESEM AUGENBLICK ist es auch völlig gleichgültig,
ob Sie jung sind oder alt;

Sie haben gar kein Alter. In diesem Augenblick
sind Sie ewig.
Das ist Ihr eigentlicher, wahrer Zustand.

In diesem Augenblick ist es auch völlig gleichgültig, ob Sie wenig Geld haben oder Schulden oder Millionen. Es ist ohne jede Bedeutung. In diesem Augenblick sind Sie **reines Sein**.

In diesem Augenblick ist es auch ganz gleichgültig, ob Sie Erfolg haben, ob Ihre Wünsche sich erfüllt haben, ob Sie Ihr Ziel erreichen konnten – **Sie** sind das Ziel. Sie haben damit alles erreicht, was man in diesem Leben erreichen kann.

Sie sind Sie selbst – in diesem Augenblick.

Alle Lebensumstände sind **in diesem Augenblick** völlig gleichgültig und doch können Sie alles ändern, **in diesem Augenblick**.

Wenn Sie stimmen, spüren Sie auch, was zu Ihnen gehört – **in diesem Augenblick**; eben, was stimmt. Und Sie können ganz bewusst dieses Stimmigsein genießen – **in diesem Augenblick**.

Und wenn Sie ständig stimmen, sind Sie erleuchtet – in diesem Augenblick.

In diesem Augenblick ist es auch völlig gleichgültig, welche Rolle Sie im Leben spielen oder welche Position Sie haben. Auch Ihre Vergangenheit ist unwichtig oder Ihre Zukunft oder Ihr Schicksal. Denn der, der die Vergangenheit erlebt hat, sind Sie nicht. Auch nicht der, der sein Schicksal erschaffen hat und in der Zukunft erleben wird.

Sie sind **REINES SEIN – EWIGE GEGENWART**, ohne Vergangenheit und ohne Zukunft. Sie sind durch die Tür des Augenblicks eingetreten in Ihr **EWIGES SEIN**.

Die einzige Wirklichkeit heißt: **ICH BIN.**

Ich bin reine Existenz, vollkommenes, ewiges Sein.

ICH RUHE IN MEINER MITTE.

Wenn ich bereit bin, kehre ich mit dieser Ruhe jetzt zurück an meinen Platz,

BIN GANZ BEWUSST IM HIER UND JETZT.

IN DIESEM AUGENBLICK sind Sie ganz **SIE SELBST.**

Und wenn Sie sich wieder einmal begegnen wollen, wenn Sie wieder einmal frei sein und einfach **SEIN** wollen, dann kommen Sie doch wieder einmal –

in diesen Augenblick.

Weiterführende Bücher von Kurt Tepperwein

Kraftquelle Mental-Training (Sie selbst bestimmen ihr Leben),
Ariston-Verlag, 2001

Praxisbuch Mental-Training (Entspannen – Neue Kraft schöpfen),
Ariston-Verlag, 2006

Intuition – die geheimnisvolle Kraft (So nehmen Sie Ihre innere
Stimme wahr), MVG-Verlag, Redline GmbH, 2006

Mit Herz und Verstand alles erreichen (Wachsen Sie über sich
hinaus), MVG-Verlag, Redline GmbH, 2005

Die Meditations-CD
von Kurt Tepperwein
Prof. Dr. phil. Kurt Tepperwein

Lebendige Weisheit

Die im Buch vorgestellte Meditation „Einladung in den
Augenblick" finden Sie auf der CD „Lebendige Weisheit".
Auf dieser CD befindet sich auch die Meditation „Wie man zu
Bewusstsein kommt".

Sie erhalten die CD sowie auch ausgedrucktes Informationsmate-
rial unter der Adresse:
Internationale Akademie der Wissenschaften (IAW)
FL-9490 Vaduz / St. Markusgasse 11 / www.IAW.Li
Fax: 00423 233 12 14 / Tel.: 00423 233 12 12
e-mail: go@iadw.com

Das Beratungs-Sekretariat in Deutschland erreichen Sie unter:
Tel. & Fax. 0911 699 247

Weitere Bücher aus dem Verlag Via Nova:

Mentales Intuitions-Training für Führungskräfte
Reihe: Spirituelles Management
Kurt Tepperwein/Felix Aeschbacher

Paperback, 200 Seiten, ISBN 978-3-86616-095-8

Die Autoren, selbst langjährige Unternehmer und Unternehmensberater, sind Pioniere des Mental- und Intuitionstrainings im deutschsprachigen Raum. Sie praktizieren schon seit Jahren die neue Wende für Führungskräfte auf allen Ebenen vom rein rationalen Systemdenken hin zu einem intuitiven Führungsbewusstsein. Denn das Bewusstsein der Führung entscheidet alles. Das Buch ist nicht der Theorie verpflichtet, sondern der Praxis und gibt zahlreiche praktikable Übungshinweise. Es integriert auf praktischer Ebene das Rationale und Intuitive, das Mentale und die Herzintelligenz. Wer Menschen und Firmen führen will, muss sich durch seine Intuition selbst führen lassen können. Das Buch zeigt den Weg zu einer neuen Führungskompetenz, ist eine wertvolle Orientierungshilfe und erzeugt eine hoffnungsvolle Aufbruchstimmung.

Räum dein Leben auf!
100 % mehr Lebensfreude
Matt Galan Abend

Hardcover, 144 Seiten, 41 z.T. ganzseitige Zeichnungen, ISBN 978-3-86616-060-6

Der Mensch ist eingeschlossen in ein Gefängnis aus Konditionierungen, wie „man" zu sein hat, was „man" tut, was „man" von ihm erwartet, was „man" von ihm denkt usw. Der Mensch „kämpft" um alles und jedes, um sein Ansehen, um sein Geld, um seine Gesundheit, seine Sicherheit, seinen Arbeitsplatz oder was auch immer. Leichtigkeit, Lebenslust und Lebensfreude bleiben dabei meist auf der Strecke. Wenn wir gründlich Hausputz halten, wenn wir uns aus dem Dickicht unserer Konditionierungen befreien, wenn wir endlich aufräumen und das berühmte „Man" aus unserem Leben verbannen, wenn wir die Sorge darum verlieren, wie andere über uns denken, wenn wir die Angst überwinden, unseren Partner, unseren Job oder gar unser Geld zu verlieren, wenn wir den Maßstab in uns selbst und nicht im Außen finden, kann dies so etwas wie unsere zweite Geburt sein. Aber diese Änderung kann immer nur von innen nach außen, und niemals von außen nach innen erfolgen. Die vielen künstlerischen Zeichnungen von Annette Kramer unterstützen die eindringlichen Aussagen des Buches.

Weitere Bücher aus dem Verlag Via Nova:

Medizin für die Seele
Lebens- und Seelenkräfte im Alltag mobilisieren
Prof. Franz Decker

Paperback, 224 Seiten, 32 Grafiken, ISBN 978-3-86616-115-3

Für viele Menschen ist es heute sehr schwierig, den Herausforderungen des Alltags in unserer komplexen, schnelllebigen Welt gerecht zu werden, das eigene Leben selbstverantwortlich zu gestalten und sinnvoll und erfüllt zu leben. Prof. Franz Decker zeigt in seinem Buch diese Probleme auf, aber auch Möglichkeiten, die „Überlebenskräfte", die unerschöpflichen Kraftquellen der Seele und des Geistes, zu wecken und zu entwickeln, um in seelischem Gleichgewicht, mit Freude, Gelassenheit, Mut und Zuversicht das Leben zu bestehen. Das Buch erwuchs aus eigener Erfahrung und basiert auf den neuesten Erkenntnissen, dass durch eine entsprechende Neuorientierung und Seelenprogrammierung ein erfülltes und ausgeglichenes Leben möglich ist. Beispiele veranschaulichen und überzeugen. Es bietet sehr einprägsam ein Programm zur Förderung der Lebens- und Seelenkräfte im Alltag sowie Übungen zur Entspannung, Besinnung, Meditation, mentalen Lebensänderung und emotionalen Stabilisierung.

Die unbegrenzten Dimensionen deiner spirituellen Kraft
Ein inspirierender Wegweiser zur persönlichen Freiheit
Nick Williams

Paperback, 288 Seiten, ISBN 978-3-936486-70-4

Macht und Kraft faszinieren uns alle. Doch in weiten Teilen der Welt können wir beobachten, welche verheerenden Folgen es hat, wenn Macht falsch verstanden wird. Nick Williams spricht in diesem bahnbrechenden Buch von einer ganz anderen Macht: der Macht der Liebe, der Inspiration und der Kreativität. Wir können eine unglaublich positive Entwicklung erfahren, wenn wir die mystische Kraft der Liebe in den Mittelpunkt unseres Lebens stellen. Der Autor erinnert uns daran, dass wir aus uns selbst heraus ungeheuer kraftvoll und nicht darauf angewiesen sind, Macht von außen verliehen zu bekommen. Unsere spirituelle Kraft liegt in dem Wissen, dass wir die Quelle unserer Gedanken transformieren können: von der Angst zur Liebe. Nick Williams zeigt uns in praktischen Schritten, wie das gelingt.

Weitere Bücher aus dem Verlag Via Nova:

Karten des Lebens
Lebensgeschichten erkennen und heilen
Chuck Spezzano

100 künstlerisch gestaltete farbige Karten mit Begleitbuch, 224 Seiten, ISBN 978-3-86616-028-6

Die Drehbücher oder Geschichten, die unser Leben bestimmen, schreibt jeder Mensch selbst. Die Karten des Lebens – das neue Karten-Set des bekannten Lebenslehrers Chuck Spezzano – zeigen die Geschichten, die wir in unserem Leben erzählen, ganz gezielt auf. Es können fröhliche und kraftvolle, aber auch dunkle und zerstörerische Geschichten sein. Wir schreiben sie oft in Sekundenbruchteilen, tragen sie und ihre Folgen aber ein Leben lang mit uns. Negative Geschichten aus der Vergangenheit zu heilen und positive, lebensbejahende Geschichten zu stärken ist ein Herzensanliegen von Chuck Spezzano und ein Eckpfeiler seiner Arbeit. 100 wunderschöne, von der deutschen Künstlerin Petra Kühne einfühlsam gestaltete Karten sowie ein Begleitbuch, das die tiefere Bedeutung jeder einzelnen Karte erklärt und Beispiele für verschiedene Befragungsmöglichkeiten enthält, geben dem Leser ein ideales Werkzeug an die Hand, mit dessen Hilfe er seine Lebensmuster erkennen, negative und destruktive Muster heilen und dadurch zu mehr Glück und größerer Fülle im Leben gelangen kann.

Die Achtsamkeit des Augenblicks
Ein Wahrnehmungstraining zur Entfaltung der inneren Sinne
Elke Zierhut/Wolfgang Polzer

Hardcover, 120 Seiten, ISBN 978-3-86616-050-7

Die Achtsamkeit des Augenblicks ist ein Wegweiser und ein Wahrnehmungstraining zur Entfaltung unserer inneren Sinne. Die Wahrnehmung mit unseren inneren Sinnen aus dem Herzen zu entwickeln, ist der Schritt in die Zukunft. Diese erweiterte und verfeinerte Wahrnehmung öffnet uns neue Türen und neue Räume in allen Lebensbereichen und weist uns neue Wege. Dieses Buch schafft ein Übungsfeld, das die Wahrnehmung aus dem Herzen in Bewegung bringt und uns Schritt für Schritt begleitet in der individuellen Entfaltung der inneren Sinne. Es bereichert dich auf deiner Reise zu dir, auf deiner Reise in dein Herz und führt dich in die Klarheit und in die Erkenntnis. Die Sprache der Zukunft formt sich aus dem Herzen, und unsere inneren Sinne verhelfen uns zu einem größeren Verständnis und Wissen über uns und über die Welt. Achtsamkeit wird uns erfüllen und unser Leben bewusster und reicher gestalten.

Weitere Bücher aus dem Verlag Via Nova:

Wege der Achtsamkeit
Über die Ethik der gewaltfreien Kommunikation
Claus Eurich

Hardcover, 176 Seiten, ISBN 978-3-86616-089-7

Der Mensch ist Kommunikation. Jedes Wort, jede Geste, alles Tun und Nicht- Tun enthält eine Botschaft. In der Weise unseres Kommunizierens mit der Um- und Mitwelt, mit unserer Innenwelt und mit dem göttlichen Bereich erweist sich zugleich die Tiefe unserer ethischen und spirituellen Beheimatung. In drei Abschnitten geht dieses Buch der Beziehung von Spiritualität, Ethik und Kommunikation nach. Ein wesentlicher Fokus liegt dabei auf der wechselseitigen Verbundenheit allen Seins. Der Entwurf eines integralen Ethos mündet schließlich in grundlegenden und zugleich konkreten Schritten einer gewaltfreien und empathischen Kommunikation.Wir lernen uns entsprechend auszurichten. Sowohl im Alltagsleben eines jeden Menschen als auch in beruflichen und systemischen Kontexten kann dies eine große Hilfe auf dem Weg achtsamer Lebensgestaltung sein.

Goldene Äpfel – Spiegelbilder des Lebens
Lehrreiche und humorvolle Geschichten,
Weisheiten und Aphorismen aus aller Welt
Kambiz Poostchi (Hrsg.)

Hardcover, 264 Seiten, 12 ganzseitige Abbildungen –
ISBN 978-3-936486-51-3

Jede Kultur verfügt über einen literarischen Schatz, in dem sich deren Geschichte, Denkungsweise und Mentalität widerspiegeln. Viele Texte, die aus einer mündlichen Tradition in die Schriftlichkeit gesichert wurden, sind oft archetypisch, sprachlich poetisch-prägnant und zeitlos. Kambiz Poostchi versteht sich als Vermittler der Kulturen und hat ein multikulturelles Kompendium geschaffen. Lebensweisheiten verbergen sich darin, sie wollen wie Schätze geborgen und ins eigene Leben integriert werden. Die Lebenshaltung, die sich dahinter verbirgt, ist eine bejahende und dynamische. Wer beruflich gerne mit Lehrgeschichten und Texten arbeitet, kann hier gezielt suchen und wird fündig werden. Wer in seinem persönlichen Leben Denkanstöße liebt, wird in der „Goldenen Äpfeln" viele Spiegelbilder des Lebens finden, die zur Quelle geistiger wie seelischer Kraft werden können. Auch die handverlesenen Grafiken in diesem Buch repräsentieren unterschiedliche Kulturen und Regionen unserer Welt und widerspiegeln die bunte Mannigfaltigkeit der Ausdrucksformen menschlicher Kreativität.